웨이크 업 **브레인!**

미로를
탈출하라!

미로를 탈출하라!

초판 1쇄 인쇄 | 2017년 9월 1일
초판 7쇄 발행 | 2022년 8월 25일

지은이 | 도서출판 풀잎
펴낸이 | 안대현
디자인 | 부성
펴낸곳 | 도서출판 풀잎
등 록 | 제2-4858호
주 소 | 서울시 중구 필동로 8길 61-16
전 화 | 02-2274-5445/6
팩 스 | 02-2268-3773

ISBN 979-11-85186-46-7 73650

- 이 도서의 국립중앙도서관 출판예정도서목록(CIP)은 서지정보유통지원시스템 홈페이지 (http://seoji.nl.go.kr)와 국가자료공동목록시스템(http://www.nl.go.kr/kolisnet)에서 이용하실 수 있습니다. (CIP제어번호 : CIP2017021837)

※ 이 책의 저작권은 <도서출판 풀잎>에 있습니다. 저작권법에 의해 보호를 받는 저작물이므로 무단 전제와 복제를 금합니다.
※ 이 책은 www.shutterstock.com의 라이선스에 따라 적용 가능한 이미지를 사용하였습니다.
※ 잘못된 책은 <도서출판 풀잎>에서 바꾸어 드립니다.

5	미로 찾기 MAZE
57	다른 그림 찾기 FIND DIFFERENCES
99	점잇기 DOT TO DOT
117	해답 ANSWER

미로 찾기

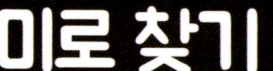

MAZE

미로 찾기

MAZE

미로 찾기 Maze

Maze

미로 찾기

미로 찾기

MAZE

미로 찾기

MAZE

미로 찾기

미로 찾기

MAZE

미로 찾기

MAZE

미로 찾기

MAZE

미로 찾기

MAZE

미로 찾기

MAZE

미로 찾기

MAZE

미로 찾기

MAZE

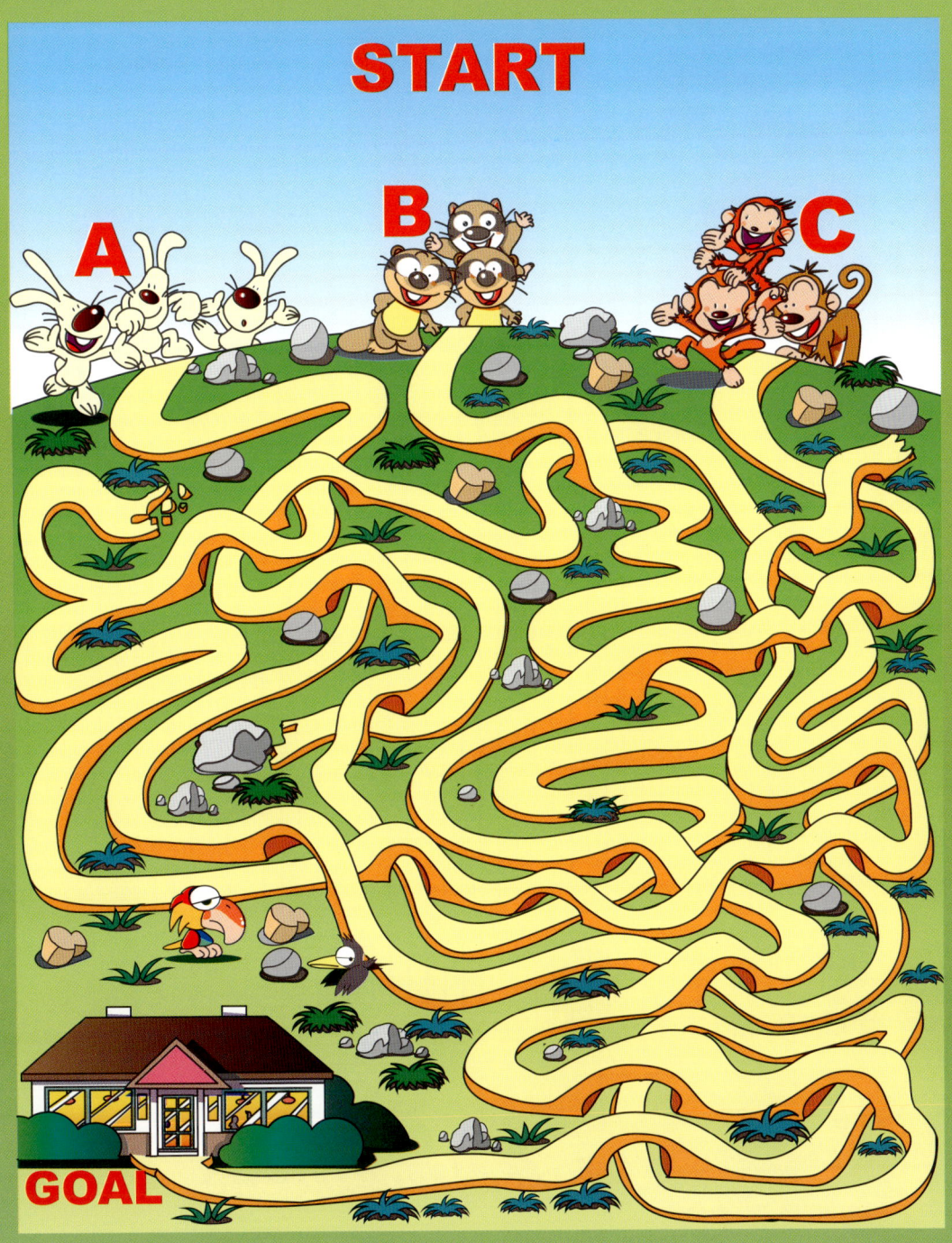

미로 찾기

MAZE

미로 찾기

MAZE

미로 찾기

MAZE

미로 찾기

MAZE

미로 찾기

MAZE

미로 찾기

MAZE

미로 찾기

미로 찾기

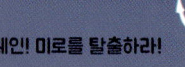

웨이크 업 브레인! 미로를 탈출하라!

MAZE

미로 찾기

다른 그림 10개 찾기

FIND 10 DIFFERENCES

다른 그림 10개 찾기

FIND 10 DIFFERENCES

다른 그림 10개 찾기

FIND 10 DIFFERENCES

다른 그림 10개 찾기

FIND 10 DIFFERENCES

다른 그림 10개 찾기

FIND 8 DIFFERENCES

다른 그림 10개 찾기

FIND 10 DIFFERENCES

다른 그림 10개 찾기

FIND 10 DIFFERENCES

다른 그림 찾기

다른 그림 10개 찾기

FIND 10 DIFFERENCES

다른 그림 10개 찾기

FIND 10 DIFFERENCES

다른 그림 10개 찾기

FIND 10 DIFFERENCES

다른 그림 10개 찾기

FIND 10 DIFFERENCES

다른 그림 10개 찾기

FIND 10 DIFFERENCES

다른 그림 10개 찾기

FIND 10 DIFFERENCES

다른 그림 찾기 83

다른 그림 10개 찾기

FIND 10 DIFFERENCES

다른 그림 10개 찾기

FIND 10 DIFFERENCES

다른 그림 10개 찾기

FIND 10 DIFFERENCES

다른 그림 10개 찾기

FIND 10 DIFFERENCES

다른 그림 10개 찾기

FIND 10 DIFFERENCES

다른 그림 10개 찾기

FIND 10 DIFFERENCES

다른 그림 10개 찾기

FIND 10 DIFFERENCES

다른 그림 10개 찾기

점잇기

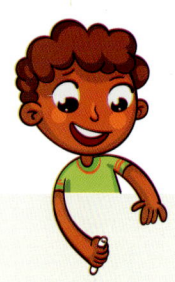

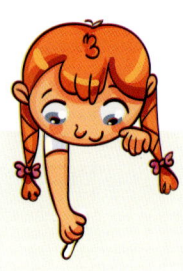

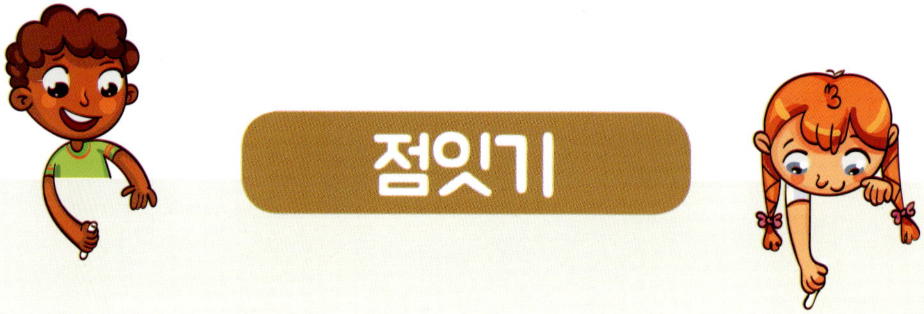

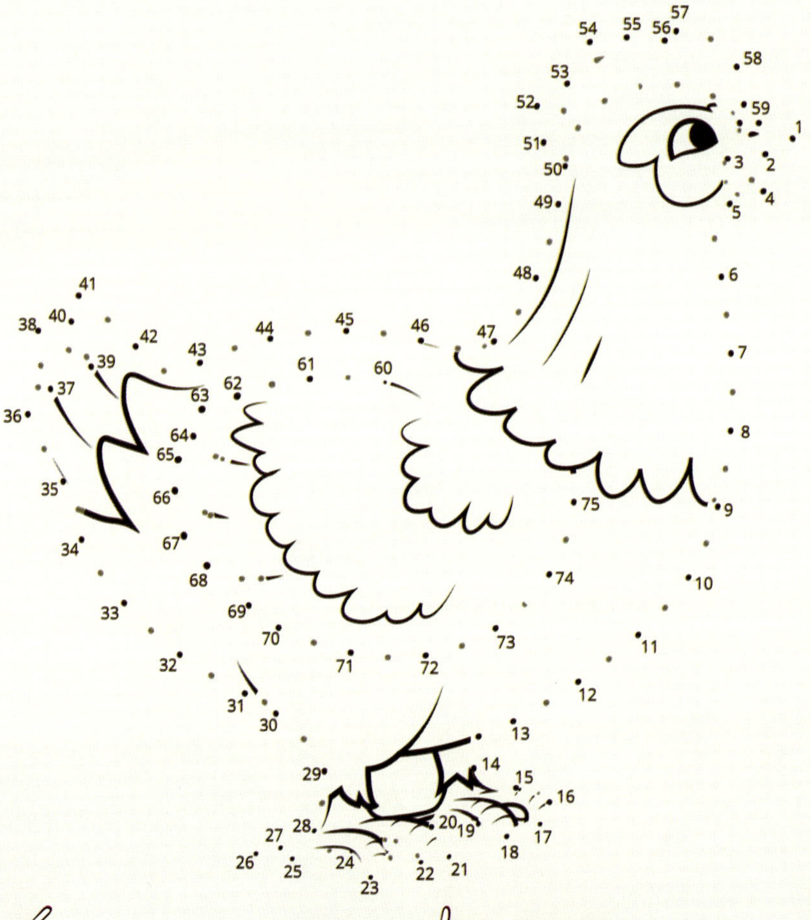

1
2
3
4
5
6
7
8
9
10
11
12
13
14
15
16
17
18
19
20
21
22
23
24
25
26
27
28
29
30
31
32
33
34
35
36
37
38
39
40
41
42
43
44
45
46
47
48
49
50
51
52
53
54
55
56
57
58
59
60
61
62
63
64
65
66
67
68
69
70
71
72
73
74
75

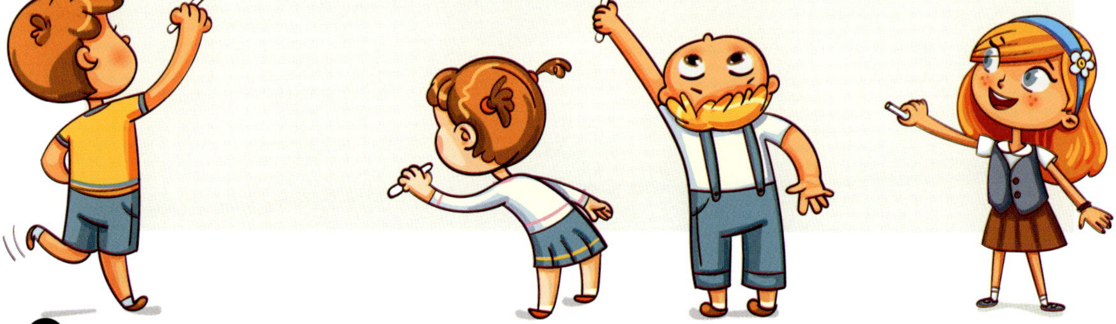

DOT TO DOT

점잇기

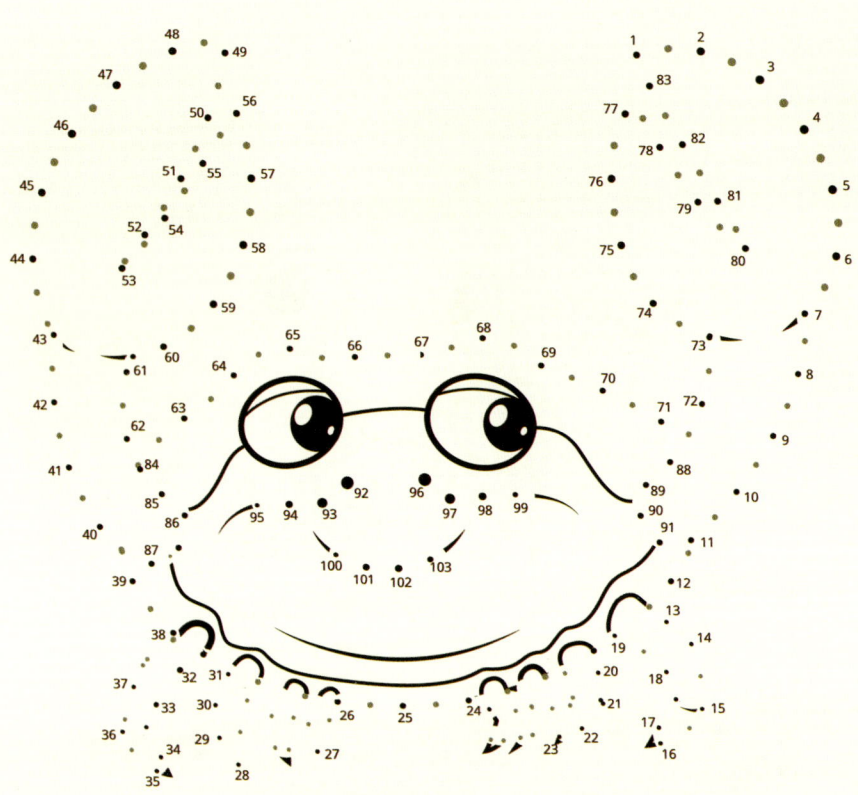

DOT TO DOT

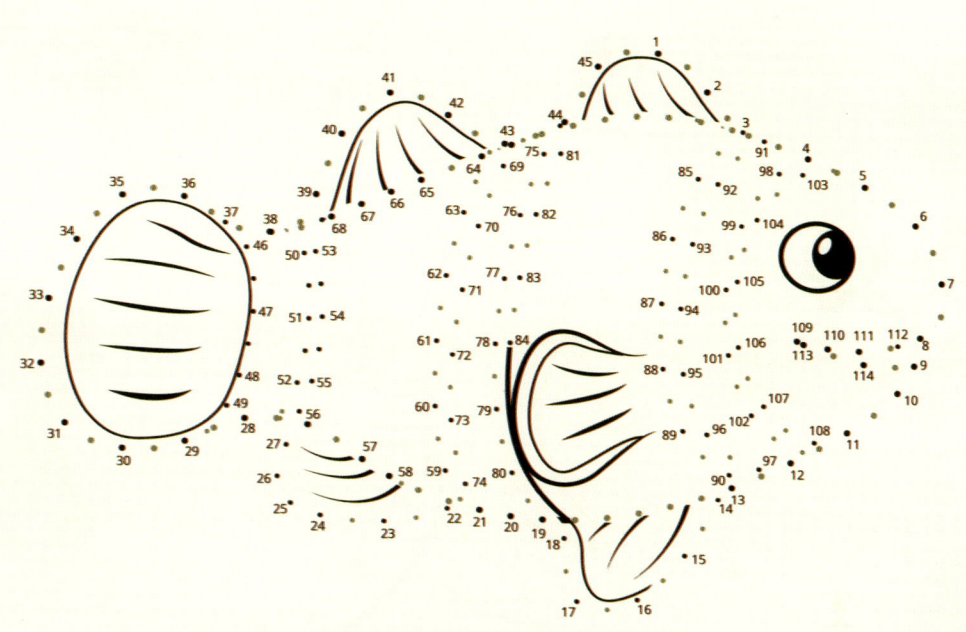

점잇기

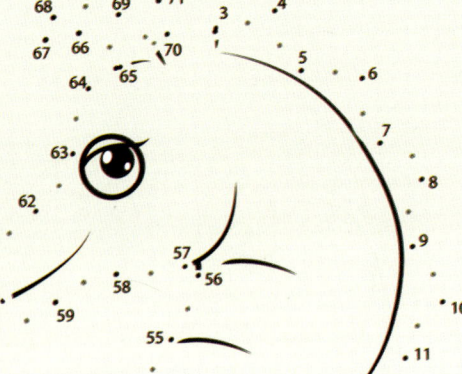

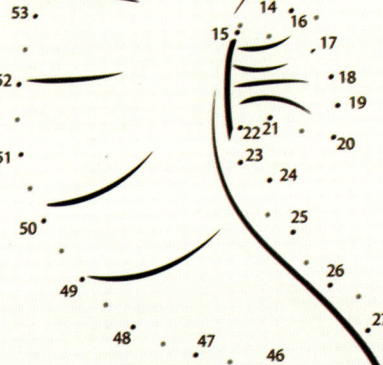

DOT TO DOT

점잇기

DOT TO DOT

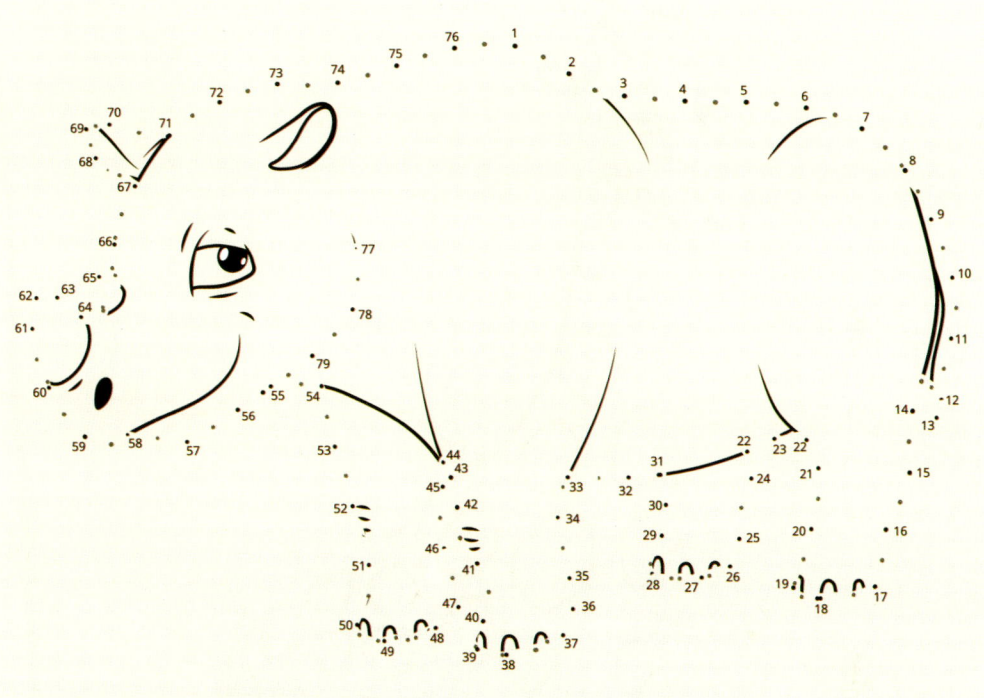

점잇기

DOT TO DOT

점잇기

DOT TO DOT

점잇기

DOT TO DOT

점잇기

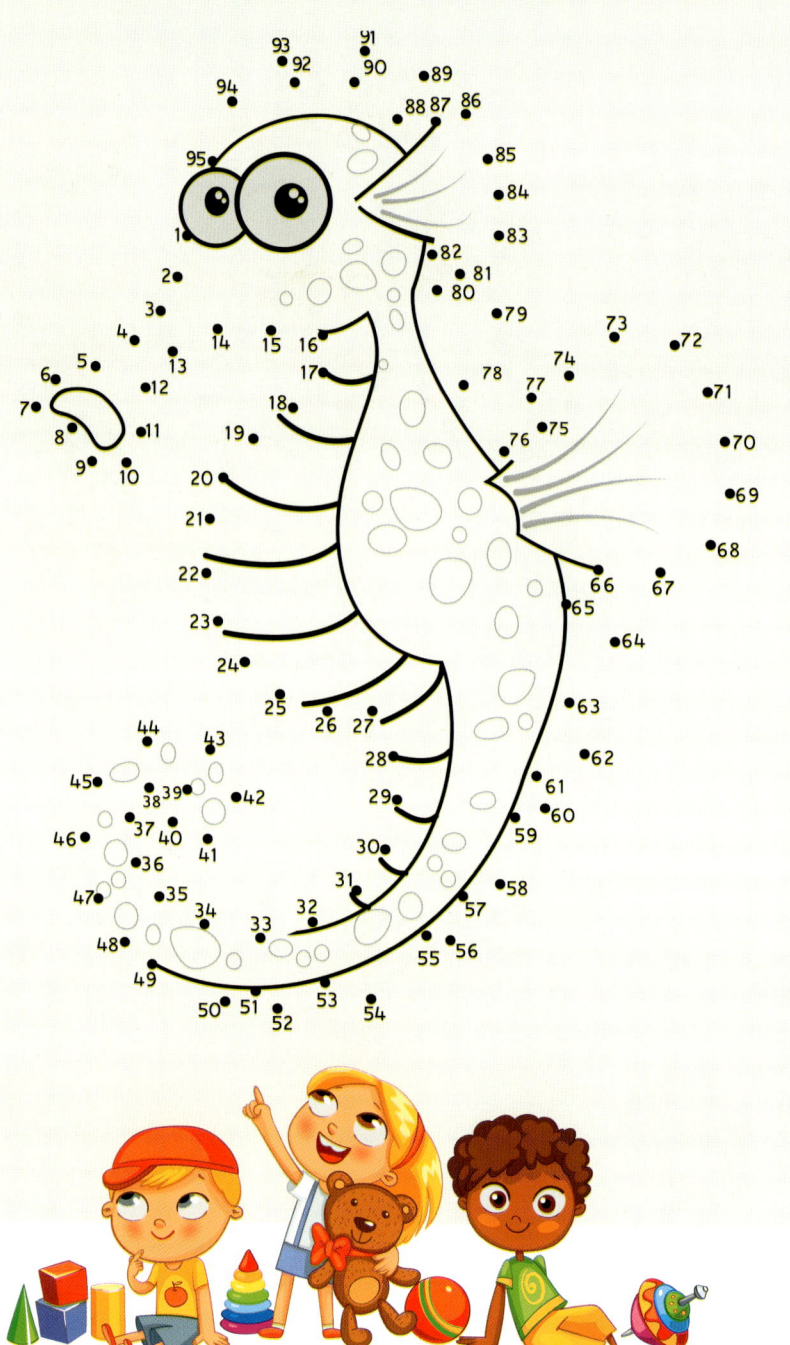

창의력·집중력·두뇌개발

웨이크 업 브레인!

해답
ANSWER

해답

p. 6

p. 7

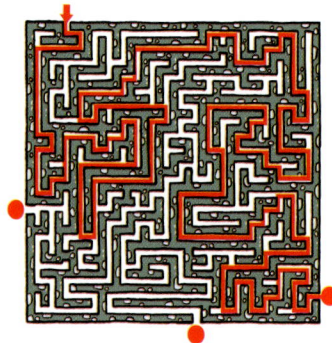

p. 8

p. 9
p. 10 (정답 C) / p. 11 (정답 C)

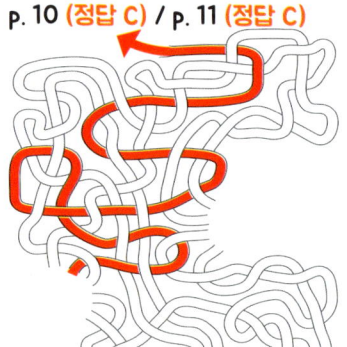

p. 12

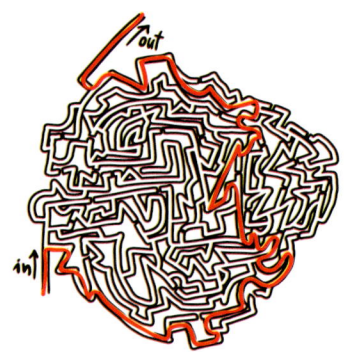

p. 13

p. 14

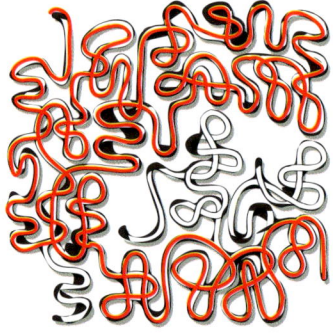

p. 15

웨이크 업 브레인!

p. 16
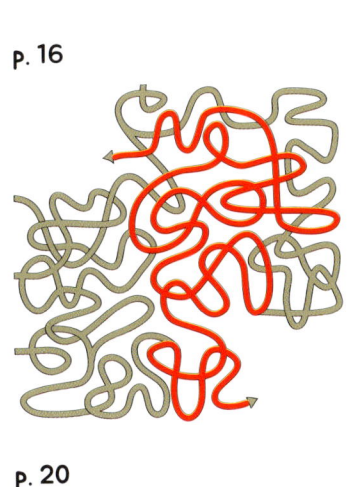

p. 17

p. 18 / p. 19 (정답 C)

p. 20

p. 21

p. 22

p. 23

p. 24 / p. 25 (정답 B)
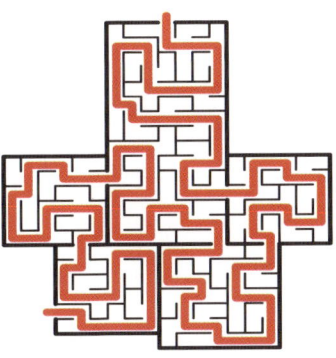

p. 26 / p. 27 (정답 B)
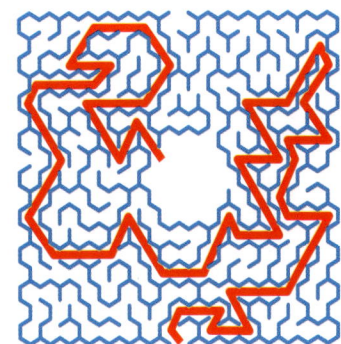

해답

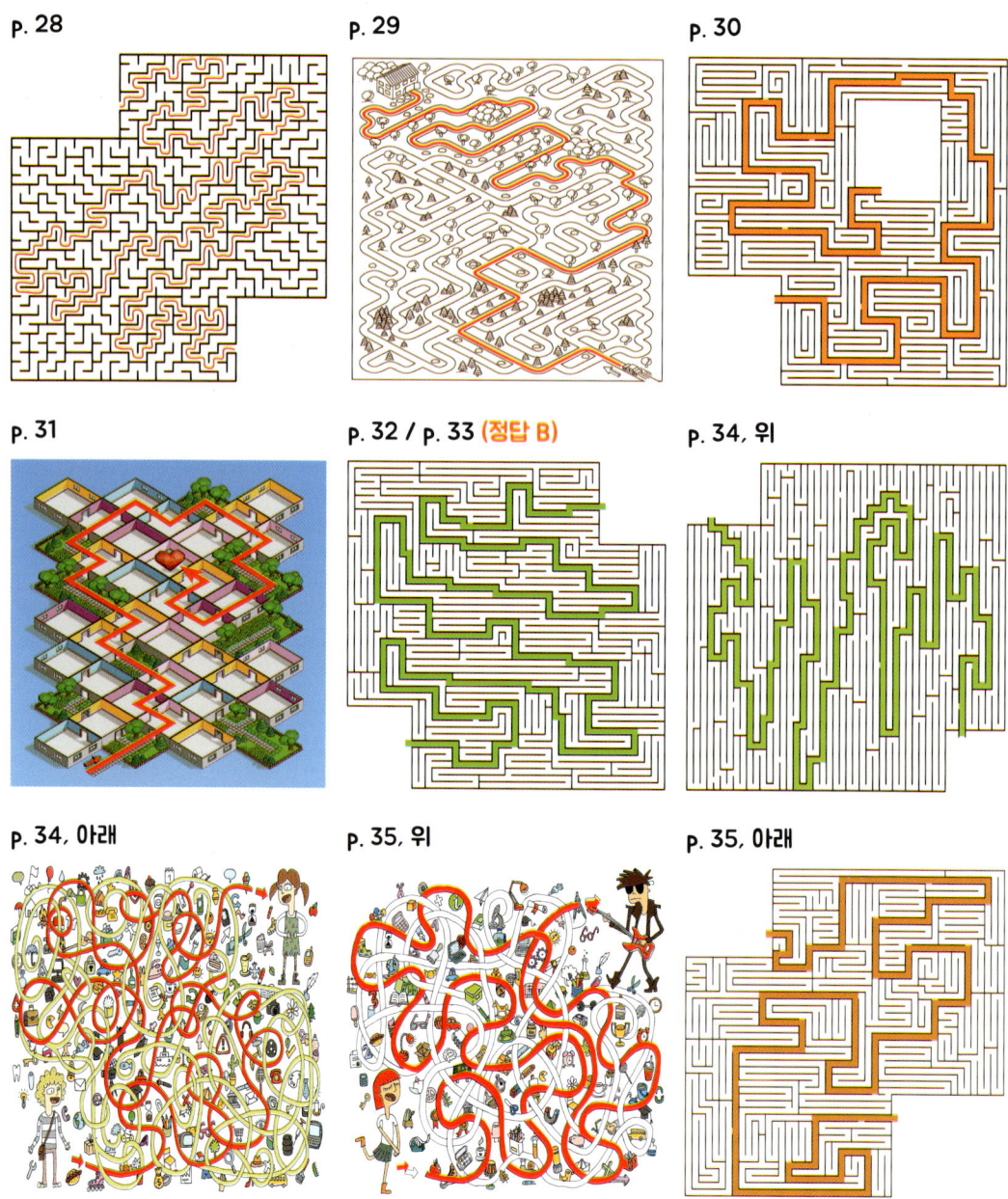

p. 28 p. 29 p. 30

p. 31 p. 32 / p. 33 (정답 B) p. 34, 위

p. 34, 아래 p. 35, 위 p. 35, 아래

웨이크 업 브레인!

p. 36
p. 37 (정답 1B, 2A, 3E, 4D, 5C)

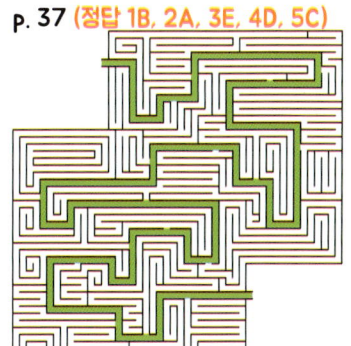

p. 38 / p. 39 (정답 C)

p. 40 / p. 41 (정답 C)

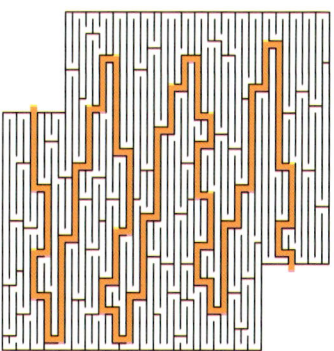

p. 42

p. 43

p. 44

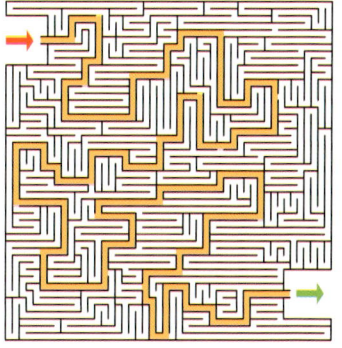

p. 45

p. 46

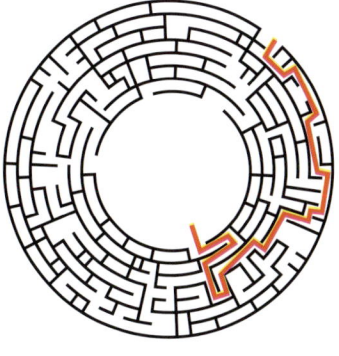

p. 47

해답 121

해답

p. 48
p. 49 **(정답 1C, 2A, 3C, 4B, 5D)**

p. 50

p. 51

p. 52

p. 53

p. 54

p. 55 / p. 56 **(정답 A)**

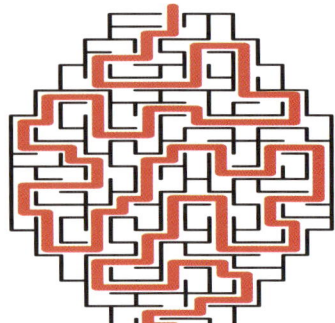

창의력·집중력·두뇌개발
웨이크 업 **브레인!**

다른 그림 찾기
FIND DIFFERENCES

웨이크 업 브레인!

p. 58

p. 59

p. 60

p. 61

p. 62

p. 63

p. 64

p. 65

p. 66

p. 67

p. 68

p. 69

해답

해답

p. 70

p. 71

p. 72

p. 73

p. 74

p. 75

p. 76

p. 77

p. 78

p. 79

p. 80

p. 81

웨이크 업 브레인!

p. 82

p. 83

p. 84

p. 85

p. 86

p. 87

p. 88

p. 89

p. 90

p. 91

p. 92

p. 93

해답

해답

p. 94

p. 95

p. 96

p. 97

p. 98

p. 100

p. 101

웨이크 업 브레인!

p. 102

p. 103

p. 104

p. 105

p. 106

p. 107

p. 108

p. 109

p. 110

p. 111

p. 112

p. 113

p. 114

p. 115

p. 116

웨이크 업 브레인!!
미로를 탈출하라!